ENQUIRIDIÓN

125 d.C.

Epicteto

Traducción de José Ortiz y Sanz

CONTENIDO

Página del título

CAPÍTULO I   1

CAPÍTULO II   2

CAPÍTULO III   3

CAPÍTULO IV   4

CAPÍTULO V   5

CAPÍTULO VI   6

CAPÍTULO VII   7

CAPÍTULO VIII   8

CAPÍTULO IX   9

CAPÍTULO X   10

CAPÍTULO XI   11

CAPÍTULO XII   12

CAPÍTULO XIII   13

CAPÍTULO XIV   14

CAPÍTULO XV   15

CAPÍTULO XVI   16

CAPÍTULO XVII   17

CAPÍTULO XVIII   18

CAPÍTULO XIX   19

CAPÍTULO XX   20

CAPÍTULO XXI   21

CAPÍTULO XXII   22

CAPÍTULO XXIII   23

CAPÍTULO XXIV   24

CAPÍTULO XXV   25

CAPÍTULO XXVI   26

CAPÍTULO XXVII   27

CAPÍTULO XXVIII   28

CAPÍTULO XXIX   29

CAPÍTULO XXX   30

CAPÍTULO XXXI   31

CAPÍTULO XXXII   33

CAPÍTULO XXXIII   34

CAPÍTULO XXXIV   35

CAPÍTULO XXXV   36

CAPÍTULO XXXVI   38

CAPÍTULO XXXVII   39

CAPÍTULO XXXVIII   40

CAPÍTULO XXXIX   42

CAPÍTULO XL   44

CAPÍTULO XLI   45

CAPÍTULO XLII   46

CAPÍTULO XLIII   47

CAPÍTULO XLIV   48

CAPÍTULO XLV   49

CAPÍTULO XLVI   50

CAPÍTULO XLVII   51

CAPÍTULO XLVIII   52

CAPÍTULO XLIX   53

CAPÍTULO L   54

CAPÍTULO LI   55

CAPÍTULO LII   56

CAPÍTULO LIII   57

CAPÍTULO LIV   58

CAPÍTULO LV   59

CAPÍTULO LVI   60

CAPÍTULO LVII   61

CAPÍTULO LVIII   62

CAPÍTULO LIX   63

CAPÍTULO LX   64

CAPÍTULO LXI   65

CAPÍTULO LXII   66

CAPÍTULO LXIII   67

CAPÍTULO LXIV   68

CAPÍTULO LXV 69

CAPÍTULO LXVI 70

CAPÍTULO LXVII 71

CAPÍTULO LXVIII 72

CAPÍTULO LXIX 73

CAPÍTULO LXX 74

CAPÍTULO LXXI 75

CAPÍTULO LXXII 76

CAPÍTULO LXXIII 77

CAPÍTULO LXXIV 78

CAPÍTULO LXXV 79

CAPÍTULO LXXVI 80

CAPÍTULO LXXVII 81

CAPÍTULO LXXVIII 82

CAPÍTULO LXXIX 83

CAPÍTULO I

De las cosas, unas están en nuestro arbitrio, y otras no. Están en nuestro arbitrio la opinión, el apetito, el deseo, la aversión: en una palabra, todas nuestras operaciones. No están en nuestro arbitrio el cuerpo, los haberes, la gloria, los imperios: en una palabra, todas las operaciones no nuestras.

CAPÍTULO II

Las cosas que están en nuestro arbitrio son por naturaleza libres, e incapaces de ser impedidas ni prohibidas. Las que no están en nuestro arbitrio son débiles, esclavas, sujetas a impedimentos, ajenas.

CAPÍTULO III

Acuérdate, pues, que si tienes por libres las cosas que por naturaleza son esclavas, y por propias las ajenas, te verás impedido, llorarás, te conturbarás, te quejarás de los Dioses y de los hombres. Pero si crees tuyo solamente lo que es tuyo, y ajeno lo que es ajeno, nadie te apremiará nunca, nadie te pondrá estorbos, no te quejarás de nadie, a nadie acusarás, no harás nada por fuerza, nadie te causará daño, no tendrás enemigos, ni padecerás calamidad alguna.

CAPÍTULO IV

Siendo, pues, tantas las cosas que deseas, ten presente que para recibirlas debes ser más que medianamente instado; y también que puedes algunas de ellas no recibirlas nunca, y otras dilatar su admisión a otro tiempo. Si apeteces, pues, dichas cosas, el mando y las riquezas, acaso de todo no lograrás nada, por el deseo mismo de las antedichas cosas, y sin duda perderás aquellas por quienes se consigue la felicidad y libertad.

CAPÍTULO V

Cuando se te presente alguna cosa áspera y mala, di luego que aquello es apariencia fantástica, y no lo que parece. Después examínalo por las reglas que tienes: primera y principalmente, si aquella visión es de las cosas que dependen de nuestro albedrío, o de las que no. Si es de las que no dependen de nuestro albedrío, a mano tienes el decir que no te pertenece a ti.

CAPÍTULO VI

Acuérdate que el verdadero anuncio de lo que se desea es la real consecución de lo deseado; y el de la aversión no caer en aquello de que se huye. Quien no logra su deseo es desafortunado: quien cae en lo que procura evitar es infeliz. Si huyes, pues, solo de las cosas repugnantes a la naturaleza de las que están a tu albedrío, no caerás en ninguna de las que huyes. Pero si huyes de las enfermedades, de la muerte, de la pobreza, serás infeliz.

CAPÍTULO VII

Quita, pues, tu aversión de todas las cosas que no están en nuestro arbitrio, y ponla en las que repugnan a la naturaleza de las que lo están. Por ahora deja del todo los deseos; porque si los pones en cosas que no están en nuestro arbitrio, necesariamente saldrás mal. De las que están en nuestro arbitrio todavía no sabes el modo como han de desearse honestamente. Usa, pues, de los movimientos internos de deseo o aversión: pero levemente, disminuyéndolos, y con la remisión posible.

CAPÍTULO VIII

En las cosas que recrean el ánimo, que traen provecho, o que las estimamos, acuérdate de examinar cuáles son, empezando de las más pequeñas: por ejemplo, si estimares una vasija, que una vasija estimas: así no te inquietarás aunque se quiebre. Si amas a tu hijo o a tu mujer, que amas a un hombre; y así no te conturbarás aunque muera.

CAPÍTULO IX

Cuando hayas de emprender alguna obra, examina contigo mismo qué obra sea. Si es ir a bañarte, por ejemplo, proponte las cosas que suceden en el baño. Unos salpican, otros incomodan y empujan, otros hablan mal, otros hurtan. Así, procederás más seguro si te dices a ti mismo: *Quiero bañarme luego, y conservar el instituto y grado que por naturaleza me corresponde.* Y así harás en las otras cosas; de manera, que si en el baño sucediere algún embarazo, dirás al punto: *No quise esto solo, sino también conservar mi instituto y grado según la naturaleza.* Y es cierto que no lo conservaré si me indignare de las cosas que sucedieren.

CAPÍTULO X

Conturban a los hombres, no las cosas, sino las opiniones que de ellas tienen. Por ejemplo, la muerte no es un mal, porque si lo fuera, así lo hubiera sentido Sócrates. Es un mal, sí, la opinión de la muerte, que un mal la juzga. Así, cuando seamos impedidos o conturbados, nunca echemos la culpa a otros, sino a nosotros mismos, esto es, a nuestras opiniones. Es cosa de hombre rudo en lo que sucede mal echar la culpa a otro: echársela a sí mismo es de quien empieza a instruirse; y del erudito es no echarla a sí ni a otro.

CAPÍTULO XI

Por ninguna preeminencia ajena te ensoberbezcas. Si un caballo se alabase a sí mismo diciendo: *Hermoso soy*, podría tolerarse. Pero si tú dices jactándote: *Tengo un hermoso caballo*, sabe que te ensoberbeces por un buen caballo. ¿Pues qué hay aquí tuyo? Solo el uso de las apariencias. Así, cuando te detienes naturalmente en la fruición de ellas, entonces te ensoberbeces, pues entonces te glorías de un bien tuyo.

CAPÍTULO XII

Así como en una navegación, surgida la nave en algún seno, si saltas en tierra para hacer aguada, y aun si de camino coges caracolitos o bulbos, estás sin embargo atento a la nave, y siempre vuelta la consideración allá, no sea que el patrón llame; en cuyo caso dejas todas aquellas cosas, para que no te lleven atado como las ovejas. De la manera misma en la vida, si te son dados como bulbos y caracolillo consorte y niño, nada impide: luego que el patrón llame, correrás a la nave dejadas todas las cosas, y sin volverte a mirarlas. Aun si eres ya viejo, no te alejes mucho del bajel, no sea que cuando te llamen desfallezcas.

CAPÍTULO XIII

No quieras que las cosas que se hacen se hagan a tu voluntad y gusto. Por el contrario, conténtate se hagan como se hacen, y así obrarás rectamente. La enfermedad es impedimento del cuerpo: pero no del instituto si tú no quieres. La cojera es impedimento de las piernas: pero no del instituto. Si discurres así de las otras cosas que suceden, hallarás que son impedimento de otro, no de ti.

CAPÍTULO XIV

En cualquiera cosa que suceda, entra en ti mismo, y acuérdate de examinar qué poder tienes para usar de ella. Si vieres una mujer hermosa, llamarás en auxilio la virtud de la continencia. Si se te presenta el trabajo, hallarás la tolerancia. Si te baldonan, encontrarás el sufrimiento en las adversidades. Acostumbrándote así, no te arrastrarán apariencias.

CAPÍTULO XV

Nunca digas que has perdido alguna cosa, sino que la has restituido. ¿Murió tu hijo? Pues fue restituido. ¿Te quitaron un campo? ¿Por qué no ha sido también este restituido? ¡Pero quién me lo quitó es mal hombre! ¿Qué injusticia te hace quien te lo dio recobrándolo por mano de este o de aquel? Tú guárdalo como ajeno todo el tiempo que te lo concede, como las posadas el caminante.

CAPÍTULO XVI

Si quieres aprovechar, olvídate de los dialogismos siguientes: *Si descuido de mis cosas no tendré que comer. Si no castigo al hijo será malo.* Mejor es morir de hambre, libre de aflicción y miedo, que vivir entre abundancia con el ánimo turbado. Mejor es que el hijo sea malo, que tú infeliz.

CAPÍTULO XVII

Comienza por las cosas pequeñas. ¿Se derrama un poco de aceite? ¿Hurtan un poco de vino? Pues concluye, que a tan poca costa compras la tranquilidad de tu espíritu, a tan poca costa tu sosiego. De balde nada se consigue. Cuando llames a tu hijo, considera puede suceder que no te oiga; o que si te oye, no haga lo que deseas. Ni es tu hijo tanta cosa, que de él penda el que tú no te conturbes.

CAPÍTULO XVIII

Si quieres aprovechar, permite que por las cosas externas te juzguen estólido y necio. No quieras parecer sabio; y si lo parecieres a algunos, desconfía de ti mismo. Sabe que no es fácil conservar tu instituto conforme a la naturaleza, y juntamente las cosas exteriores. Es preciso que quien se cuida de lo uno se olvide de lo otro.

CAPÍTULO XIX

Si pretendes que tus hijos, tu mujer y tus amigos vivan siempre, eres un necio; pues quieres esté en tu poder lo que no está, y que las cosas ajenas sean tuyas. Igualmente eres necio si quieres que tu hijo no caiga en falta alguna; pues pretendes que el vicio no sea vicio, sino otra cosa. Si quieres, pues, alcanzar lo que deseas, lo puedes alcanzar deseando solo lo que es asequible.

CAPÍTULO XX

Dueño de las cosas es el que puede quitarlas o no quitarlas. Quien desee, pues, ser libre, no anhele ni deseche cosa que está en poder ajeno. De lo contrario tendrá que esclavizarse.

CAPÍTULO XXI

T en presente, que en esta vida es menester tratar como en un convite. ¿Llega un plato a ti? Alarga la mano, y toma moderadamente. ¿Pasa de largo? ¿No ha llegado a ti? No extiendas allá tu codicia, sino espera que llegue. Procede así con tus hijos, con tu mujer, con los magistrados, con las riquezas, y serás un tiempo digno convidado de los Dioses. Si no tomares aun lo que te presentan, no solo serás convidado de los Dioses, sino también consorte de su reino. Haciéndolo así Diógenes, Heráclito y otros, con razón eran tenidos por divinos, como lo eran.

CAPÍTULO XXII

Cuando vieres que alguno llora la muerte o ausencia del hijo, o la pérdida de los bienes, procura que aquello no te induzca a creer padece trabajos por cosas externas: antes debes luego distinguir contigo mismo, y decir sin tardanza, que al tal no aflige aquel suceso (pues a otro no aflige) sino la aprehensión u opinión concebida de él. Entonces no dejes de socorrerle con tus consejos, y aun acompañarle con el llanto si así la suerte lo dispone; pero cuida de que tu lloro sea solo externo.

CAPÍTULO XXIII

Acuérdate de que tú eres el actor del drama que tiene aprobado el maestro, sea breve o largo. Si quiere representes un mendigo, represéntalo bien; y lo mismo si un cojo, si un príncipe, si un plebeyo. Lo que te incumbe a ti es representar bien el papel que te encargan: pero elegirlo pertenece a otro.

CAPÍTULO XXIV

Si el cuervo grazna ominoso, no te conmueva su agüero. Di luego: *Nada anuncia contra mí*, sino solo contra mi cuerpo, contra mis haberes, contra mi opinión, contra mis hijos, contra mi mujer. Para mí todos los agüeros serán alegres si yo quiero; pues de cualquiera cosa que suceda puedo sacar provecho.

CAPÍTULO XXV

Nunca serás vencido, si nunca entras en combate de que la victoria no esté en tu mano.

CAPÍTULO XXVI

Si vieres a alguno entre honores, poder, o de cualquier otro modo engrandecido, guárdate bien de llamarle feliz, arrebatado de aquellas apariencias. Porque si la esencia de la tranquilidad reside en las cosas sujetas a nuestro dominio, no tendrán entrada la envidia ni la emulación. Tú, pues, no desees ser General de tropas, Senador ni Cónsul, sino libre. Para esto no hay más de un camino, que es el menosprecio de las cosas que no están en nuestra mano.

CAPÍTULO XXVII

Acuérdate, de que quien injuria o hiere no es autor de la ofensa, sino la opinión en que está de que tales cosas son ofensivas. Cuando alguno, pues, te irritare, sabe que solo te irritas en tu concepto, y debes cuidar mucho de no dejarte arrastrar de él; pues si logras alguna detención y calma, te reportarás fácilmente.

CAPÍTULO XXVIII

Ten de continuo a tu vista la muerte, el destierro, y demás cosas que se creen adversas, en especial la muerte. Así nunca tendrás ningún pensamiento bajo, ni anhelarás desmedidamente cosa alguna.

CAPÍTULO XXIX

¿Deseas dedicarte a la filosofía? Persuádete luego que han de reír, que han de hacer burla de ti: que han de decir, que de repente has salido filósofo; y en fin, ¿de dónde nos ha venido tal fasto? Pero tú no tengas fasto alguno; y las cosas que te parezcan óptimas, retenlas, como puesto por Dios en ese orden, acordándote de que si perseverares en él te admirarán los mismos que te motejaban antes. Pero si caes de ese estado, serás burlado dos veces.

CAPÍTULO XXX

Si alguna vez te sucediere mudarte en lo externo, y quieres agradar a otro, ya caíste de tu instituto. Bástate en todo ser filósofo: pero si quieres también parecerlo, parécetelo a ti mismo, y no es menester más.

CAPÍTULO XXXI

No te molesten estos discursos: *Careceré de honores: No seré nadie*; pues si el carecer de honores es un mal, no puedes caer en él sino por el vicio. ¿Por ventura pende de tu albedrío el imperar, o ser convidado a un banquete? De ningún modo. ¿Pues qué deshonor es ese? ¿Qué no ser nadie? ¿Y por qué no te puedes ver en el más eminente puesto empleándote solo en las cosas que están en tu mano? Pero tus amigos carecerán de tus auxilios. ¿Qué llamas carecer de tus auxilios? ¿Es que no les darás dinero, ni los harás ciudadanos romanos? ¿Pues quién te ha dicho que esas cosas son de las que están en nuestro arbitrio y no en el ajeno? ¿Y quién puede dar a otro lo que él no tiene? Procura tenerlo, dicen, para que también lo tengamos nosotros. Enseñadme vosotros el camino por donde pueda procurarlo sin perder el rubor, la fe, la grandeza de ánimo, y lo procuraré luego. Pero si pedís que yo pierda mis bienes, para que vosotros adquiráis los que no lo son, ved cuán injustos sois y necios. ¿Qué preciáis más, el dinero, o un amigo leal y modesto? Para esto debéis auxiliarme vosotros, y no pedir haga cosas por las cuales pierda lo mío. ¡Pero la patria, replicáis, ningún auxilio recibe de ti! Pregunto, ¿qué auxilio es ese? ¿No le construiré pórticos? ¿No baños? ¿Y qué importa? Tampoco le da zapatos el herrero, ni armas el zapatero. Basta que en ella cada uno ejerza su oficio. ¿Por ventura no auxiliaríais la patria dándola a un ciudadano fiel y honesto? Aun vosotros no seríais inútiles a la patria. ¿Y qué lugar ocuparemos, decís, en la ciudad? El que pudiereis, guardando fidelidad y modestia. Pero si queriendo auxiliarla menospreciáis estas cosas, ¿cuál será el auxilio que le daréis con vuestra deslealtad e imprudencia?

CAPÍTULO XXXII

¿Te es preferido uno en el convite, en la salutación, en el dar consejo? Siendo buenas estas cosas, debes congratular a quien es en ellas preferido. Pero si fueren malas no sientas haber sido pospuesto: antes acuérdate de que no haciendo cosas conducentes a conseguir lo que no está en nuestro arbitrio, no es posible te sean atribuidas. ¿Pues cómo ha de poder tanto quien no frecuenta las puertas de alguno, como quien las frecuenta? ¿El que no corteja, como el que corteja? ¿El que no adula, como el que adula? Serás, pues, injusto e insaciable si quieres obtener las cosas de balde y sin el debido precio. ¿A cómo se venden las lechugas? Supongamos que a óbolo. Pues si uno dando su óbolo recibe lechugas, y tú no dándolo no las recibes, no te tengas en menos que el que las recibe; pues si este tiene lechugas, tú tienes el óbolo que no diste. Del modo mismo discurriremos en las cosas arriba dichas. No fuiste convidado al banquete; pero tampoco pagaste su coste, que es la adulación y la lisonja. Paga, pues, este escote si te conviene. Pero si no quieres dar esta paga, y sí disfrutar de la comida, eres avaro y necio. ¿Y nada te queda en desquite de no haber comido? Sí: te queda el no haber adulado ni sufrido al convidante.

CAPÍTULO XXXIII

El designio de la naturaleza se puede conocer por aquellas cosas acerca de las cuales no discordamos. Por ejemplo, si el hijo del vecino quiebra un vaso u otra cosa, a la mano tienes decir que esto sucede muy a menudo. Sabe, pues, que aunque se quiebre el tuyo, conviene seas el mismo que fuiste cuando se quebró el ajeno. Traslado esta doctrina a casos mayores. ¿Murió el hijo o la mujer de otro? Nadie hay que no diga que el morir va anexo a la naturaleza humana. Pero aquel a quien se le muere clama luego: *¡ah desdichado de mí!* Nos debiéramos, pues, acordar de compadecernos también cuando lo oímos a los otros.

CAPÍTULO XXXIV

Así como el escopo o blanco no se pone para errar, tampoco la naturaleza del mal está en el mundo para que erremos. Si alguno expusiese tu cuerpo a que fuese maltratado de cuantos pasasen, te indignarías. ¿Pues cómo permite tu ánimo a cualquiera que le entristezca y conturbe, sin reparo alguno? Emprende, pues, las cosas, considerados primero los antecedentes y consiguientes. Si así no lo haces, resultará, que saliendo después algunos errores, habrás de pasar por el rubor que te causen.

CAPÍTULO XXXV

¿Quieres vencer en los juegos olímpicos? También lo quisiera yo, por cierto, como cosa tan aplaudida. Pero considera primero lo que precede y se sigue, y emprende luego la cosa. Deberás guardar el orden establecido: comer por fuerza: abstenerte de comidas de poca substancia: ejercitarte por necesidad: en determinadas horas, en calor, en frio: no beber agua fría, ni tampoco vino, como es costumbre. En una palabra, te habrás de poner en manos y régimen del maestro de gladiadores, lo mismo que en las del médico. Después te habrás de presentar en la palestra y a la lucha. Ya te lastimarás la mano: ya darás una torcida de pie: tragarás mucho polvo: recibirás muy buenos golpes; y después de todo esto, serás vencido. Considerados estos extremos, entra en la palestra si tienes ánimo. Pero si no lo tienes, desiste, y haz como los muchachos, que en sus juegos ya imitan a los atletas, ya a los músicos, ya a los gladiadores, ya a los trompeteros, ya también a los actores trágicos. Así tú, ahora atleta, gladiador ahora, luego retórico, después filósofo, y por fin y postre, nada de todo. De esta manera harás como el mono, imitando cuanto veas, y corriendo de unas cosas en otras, por no considerar una y otra vez primero lo que emprendes, antes bien siguiendo neciamente tus aprehensiones. Así algunos, viendo un filósofo, y oyéndole pronunciar: *¡Qué bien dice Sócrates! ¿Quién podría discurrir como Sócrates?* Al instante se quieren meter a filósofos.

CAPÍTULO XXXVI

Examina, pues, primero cual sea la cosa: luego mira si tus fuerzas pueden sobrellevarla. ¿Quieres ser luchador? Pues examina tus brazos, tus muslos y tus lomos, pues la naturaleza proporciona las cosas según a cada una conviene. ¿Crees que emprendiendo este oficio podrás comer así, beber así y sufrir los otros fastidios? Será fuerza velar, trabajar, dejar a los tuyos. Te despreciarán los muchachos. En todas las cosas serás el último, en el honor, en el mando, en la justicia y cualquier negocio. Examina, pues, bien estas cosas, si quieres feriarte a poco precio tu quietud, tu libertad, tu sosiego. Si así no lo haces, mira no sea que como los muchachos seas ahora filósofo, ahora asentista, luego retórico, y después criado de César. No consuenan estas cosas. Eres un hombre solo, y debes ser bueno o malo. O has de ejercitar la mente, o el cuerpo: o trabajar interior o exteriormente; que, es decir, o has de ser filósofo o plebeyo.

CAPÍTULO XXXVII

Los oficios en general deben medirse con los afectos. ¿Es padre? Se ha de cuidar de él: obedecerle en todo: sufrir sus reprehensiones, y no menos los castigos. Pero este padre es malo. ¿Por ventura la naturaleza te debe dar un padre bueno? No, sino solo un padre. ¿Te injurió tu hermano? Pues no dejes para con él el estado que tenías antes; ni repares en lo que él hace, sino haz lo que debes, conservando tu instituto según el orden de la naturaleza. Nadie te causará daño como tú no quieras; pues únicamente lo recibirás cuando creas haberlo recibido. Si procuras observar estas disposiciones o habitudes, hallarás el favor del vecino, del ciudadano, del jefe.

CAPÍTULO XXXVIII

Sabe que respecto al culto de los dioses lo primero y principal es tener de ellos opiniones rectas, por ejemplo, que los hay; que rigen bien y justamente las cosas; que nos hemos de humillar a ellos, obedecerles en todas las cosas, y ejecutarlas voluntariamente, como procedidas de un ser supremo. De esta forma no los acusarás nunca, ni te quejarás de que te desamparan. Esto no se puede conseguir sino dejando las cosas que no están en nuestro arbitrio, y poniendo bienes y males solo en las que lo están. Porque si supones absolutamente bueno o malo algo de ello, será fuerza no logres lo que deseas, culpando o aborreciendo a los causadores. Dio la naturaleza a todos los animales el instinto de huir y evitar todas las cosas que les parecen nocivas, y aun las causas de ellas; y de seguir admirablemente las provechosas y sus causas. No es regular, pues, que quien imagina se le causa daño, se alegre de creer lo causa a otro; como tampoco es razón alegrarse del daño mismo. De aquí es, que el hijo trata mal al padre cuando no le da los que cree ser bienes. Por esta causa se movió la guerra entre Polinices y Eteocles, teniendo los dos el reinar por cosa buena. Por esta causa el labrador blasfema de los Dioses, por esta el navegante, por esta el mercader; y por esta los que pierden mujer e hijos. Solo hay religión donde hay conveniencia. Quien procura, pues adquirir o evitar las cosas como conviene, en eso mismo es religioso. Se ha de libar, se ha de sacrificar, se han de ofrecer las primicias a cada deidad según el rito patrio, pura y castamente, no con lascivia, negligencia, sordidez ni exceso.

CAPÍTULO XXXIX

¿**C**onsultas adivinos? Acuérdate que ignoras el éxito de lo consultado, y que para saberlo lo consultas. Pero pues eres filósofo, ya lo sabias yendo a consultar al adivino. Porque si el negocio es de cosas que no están en nuestra mano, es absolutamente necesario que ni sea malo ni bueno. No lleves, pues, a los agoreros deseos ni aversiones; pues si las llevas, irás a ellos temblando. Debes tener deliberado que todo evento es indiferente: que cualquiera que él fuere no te pertenece a ti; y que puedes usar bien de él sin que nadie te lo estorbe. Acude, pues, confiado a los consultores y a los Dioses. Si te aconsejaron algo, mira bien quiénes te aconsejaron, y a quiénes desobedeces si lo desechas. Recibe los oráculos según Sócrates quería se recibiesen, a saber, sobre cosas cuya consideración es toda de la relación del evento, y por raciocinio ni por arte se descubre camino de prever lo que se propone y consulta. Por lo cual, cuando hayas de defender al amigo o a la patria que se hallen en peligro, no consultes a nadie si debes o no defenderlos. Pues si el arúspice te dice que las entrañas amenazan infortunios, y consta que anuncian muerte, mutilación, destierro, pronta tienes la razón, que manda en estos lances arriesgarlo todo por el amigo y por la patria. Lo que has de consultar es el hecho del primero de los vates Apolo, el cual echó del templo a uno que no había socorrido a su amigo que se hallaba en peligro de ser muerto.

CAPÍTULO XL

Ordénate para ti mismo una fórmula o modelo que guardes, tanto cuando estés solo, como cuando estés con otros.

CAPÍTULO XLI

Guárdese silencio en cuanto se pueda: o háblese lo necesario solamente, y con las menos palabras posibles. Rara vez, y solo pidiéndolo la ocasión, saldremos a hablar en público. Ni hablaremos de cualquier cosa: no de gladiadores, no de circenses, no de atletas, no de comidas ni bebidas, como regularmente se hace. Y si por ventura habláremos de los hombres, ni los exaltemos, ni los comparemos unos con otros.

CAPÍTULO XLII

Reduce si puedes las palabras de tus familiares a Ias tuyas: pero si fueres sorprendido de extraños, calla.

CAPÍTULO XLIII

La risa ni sea mucha, ni por muchas cosas, ni desmoderada.

CAPÍTULO XLIV

E vita absolutamente si puedes el juramento. Si no puedes evitarlo en todo, evítalo en lo que puedas.

CAPÍTULO XLV

Huye de los convites públicos y vulgares. Pero si alguna vez lo trajese la ocasión, guárdate de caer en vulgaridades. Pues debes entender, que, si los compañeros están sucios, se ensuciará también el que se les arrime, por más puro que esté.

CAPÍTULO XLVI

Admite las cosas necesarias al cuerpo, solamente en cuanto sirven también al espíritu: la comida, la bebida, el vestido, la casa, la familia. Pero proscribe lo que solo sirve al fasto y a las delicias.

CAPÍTULO XLVII

Procura con todas tus fuerzas conservarte puro de las cosas venéreas mientras no eres casado. Si las tocares, sea legítimamente. Pero no molestes ni reprehendas a los que las usan, ni te alabes de tu continencia.

CAPÍTULO XLVIII

Si alguno te anuncia que otro habla mal de ti, no contradigas el anuncio, sino responde: *En verdad que no sabía él otros vicios que yo tengo; pues si los supiera, no hubiera dicho aquellos solos.*

CAPÍTULO XLIX

No es necesario frecuentar mucho los espectáculos: pero si la coyuntura lo pidiere, no ostentes cuidarte de otros, sino solo de ti mismo; esto es, desea se haga solo lo que se hace, y que venza quien vence. Así no te verás embarazado. Te abstendrás absolutamente de clamores, risas y de grandes conmociones. Aun después de haber salido del espectáculo no hables mucho de lo ejecutado en él, puesto que de nada sirve para tu corrección. De lo contrario parecerá te ha maravillado lo que viste.

CAPÍTULO L

No concurras fácilmente a los corrillos: pero en caso de hallarte en alguno, guarda gravedad y compostura, y a nadie seas molesto.

CAPÍTULO LI

Cuando tengas negocio que tratar con alguno, singularmente con superiores, proponte primero que es lo que haría en aquel caso Sócrates o Zenón. Así no te verás dudoso en lo que debes hacer en el negocio.

CAPÍTULO LII

Cuando vayas a ver a algún magnate, proponte que no lo hallarás en casa, que a la sazón estará recogido, que te cerrarán las puertas, que ningún caso hará de ti. Si con todo eso conviene ir, sufre lo que venga: ni digas jamás contigo mismo, que no fue tanto; pues esto es de idiotas y de quien se manifiesta a favor de lo vulgar.

CAPÍTULO LIII

En las conversaciones familiares abstente de narrar prolijamente tus hechos y peligros; pues aunque tú gustarás de referir tus hazañas y sucesos, a los otros no será grato el oírlos.

CAPÍTULO LIV

También debes excusar esto por no mover a risa; pues de ello es muy fácil la caída en idiotismo, y al mismo tiempo es capaz de degradarte en el concepto de tus amigos.

CAPÍTULO LV

También es peligroso intervenir a razonamientos obscenos. Si tal aconteciere, reprehenderás al razonador si tienes ocasión oportuna: pero si no, a lo menos con el silencio, con el pudor del aspecto y con la tristeza, le mostrarás te desagradó lo que dijo.

CAPÍTULO LVI

S i concibieres en el ánimo la imagen de algún deleite, refrénate de forma que no te arrastre. Examina luego la cosa bien, y tómate alguna tregua en ello. Acuérdate después de los dos tiempos, a saber, de aquel en el que gozabas el deleite, y del que ya has gozado, te habrás arrepentido; y verás cómo te reprehendes a ti mismo. Compara pues, aquellas cosas con estas: Si te abstienes, te alegrarás luego y te congratularás a ti mismo. Pero si te pareciere ocasión de abrazar el deleite, mira no te venzan sus halagos, sus dulzuras y sus lisonjas. Oponle las ventajas que trae la satisfacción de haber alcanzado victoria.

CAPÍTULO LVII

Cuando hagas alguna cosa que sepas que se debe hacer, no huyas de que te vean haciéndola, por más que muchos te puedan juzgar diversamente. Pues si cometieres error, tú mismo huirás de lo hecho. Pero si has acertado, ¿qué tienes que temer a los que reprehenden mal?

CAPÍTULO LVIII

Como las proposiciones, de día es, de noche es, tienen mucha fuerza y verdad tomadas en sentido diviso, y ninguna tienen tomadas en sentido compuesto; así también el tomar las principales cosas que se proponen respecto al cuerpo, tiene mucha dignidad. Por tanto, la aceptación colectiva de un convite tendrá mucha disconveniencia, y es menester evitarlo. Cuando comas, pues, con otro, acuérdate de que no solo has de mirar la dignidad y precio de las cosas que se sirven en orden al cuerpo, sino también has de respetar la del convidante como corresponde.

CAPÍTULO LIX

Si quieres hacer un papel superior a tus fuerzas, lo desempeñarás mal, y dejarás de ejecutar el que sí puedes.

CAPÍTULO LX

Como cuando caminas atiendes a no pisar algún clavo o a torcerte el pie, así también debes atender a no vulnerar tu mente y juicio. Si observamos esto en todas las operaciones, las ejecutaremos más certeramente.

CAPÍTULO LXI

A cada uno será su cuerpo la medida de los haberes, así como el pie lo es del zapato. Si estás en esto, guardarás medida: pero si lo traspasas, necesariamente serás llevado como en precipicio. Ejemplo sea el mismo zapato. Si atiendes a otra cosa como guardar el pie, te harás zapatos dorados, luego purpúreos, y después pespuntados o bordados. Una vez excedido el modo, ya no hay límites.

CAPÍTULO LXII

Cuando las mujeres cumplen catorce años, son llamadas señoras por los hombres. Entonces, viendo no es otro su cargo, que agradarles, se comienzan a adornar, y en ello ponen toda su confianza. Por eso es menester instruirlas que en el fondo no serán honradas por otra cosa que por manifestar su honestidad y moderación.

CAPÍTULO LXIII

E s señal de demencia ocuparse demasiado en cosas del cuerpo, el sobrado ejercicio, el exceso en comida, dedicar mucho tiempo a evacuar o el acto sexual. Estas cosas se han de tomar como de camino, y poner toda la atención en las del ánimo.

CAPÍTULO LXIV

Cuando alguno te maltratare de obras o palabras, piensa que ese creyó debía hacer y hablar así por oficio; y que no es factible que siguiese tu dictamen, sino el suyo. Si juzgó mal, él se hace el daño mirándose engañado; porque si uno toma por mentira la verdad algo complicada, no padece esta, sino el que se engañó por no discernirla.

CAPÍTULO LXV

Dos asideros tienen cada cosa: uno tolerable y otro intolerable. Si tu hermano pues te hace injuria, no la tomes por la parte que lo es, pues esta es la intolerable. Tómala por la tolerable, diciendo es mi hermano, y se ha criado conmigo.

CAPÍTULO LXVI

No tienen coherencia ni rigen estas proposiciones: *Soy más rico que tú; luego soy mejor que tú. Soy más elocuente que tú; luego también mejor.* Pero rigen estas: *Soy más rico que tú; luego tengo más dinero. Soy más elocuente que tú luego, mi decir, es mejor que el tuyo.* Pero tú no eres dinero, ni dicción.

CAPÍTULO LXVII

¿Se baña uno brevemente? No digas que se ha bañado mal, sino que pronto. ¿Bebe uno mucho vino? No digas que bebió mal, sino que mucho. Mientras no sepas su propósito, ¿de dónde coliges que bebió mal? Procediendo así, te desacostumbrarás a resolver atropelladamente y juzgar las cosas que veas.

CAPÍTULO LXVIII

En ningún modo te llames filósofo; ni sobre teoremas o doctrinas discurras mucho con idiotas. Por ejemplo, en un convite no digas de qué modo se debe comer, sino come tú como se debe. Ten en memoria que así desterró Sócrates el fasto por todas partes. Buscábanle los que solicitaban los recomendase a los filósofos: pero él se los llevaba consigo. En tanto grado sufría su poco aprecio.

CAPÍTULO LXIX

P or lo cual, si entre idiotas se hablare sobre algún teorema o precepto, calla lo más que puedas; pues hay gran peligro en vomitar luego lo que no digeriste. Si dice alguno que nada sabes, y tú no te conmueves, sabe que la obra está comenzada. Las ovejas no llevan el heno a los pastores indicándoles la cantidad comida, sino que digiriendo en su vientre lo pastado, echan afuera la lana y la leche. Así tú no desprecies teorías delante de los idiotas, sino dales el resultado de las teorías ya digeridas.

CAPÍTULO LXX

Si has adornado perfectamente tu cuerpo, no te gloríes de tal cosa: ni si bebes agua digas a cada paso que bebes agua. Cuando quieras ejercitar la tolerancia, sea en provecho tuyo, no de otros. No abraces las estatuas y si tuvieres mucha sed, bebe el agua, y arroja el sorbo de la boca sin que nadie lo vea.

CAPÍTULO LXXI

El estado y carácter del hombre plebeyo es no esperar nunca de sí mismo provecho ni daño y sí solo de otros. Es el carácter y la condición del filósofo, esperar todo beneficio y daño para uno mismo.

CAPÍTULO LXXII

Los signos del progreso en la Virtud son: no reprender a nadie, no alabar a nadie, no culpar a nadie, no acusar a nadie, no jactarse de sí mismo como que es algo o sabe algo; pues a sí propio se acusa cuando es impedido o interceptado por alguna cosa. Si alguno te alaba, ríete de aquellos que te alaban. Si es reprehendido no se defiende: anda como los enfermos, temiendo ser movido de su estado antes de tomar fuerzas. Todo deseo depende de él; y transfiere la aversión a las cosas que repugnan a la naturaleza de las que están en nuestro albedrío. De los apetitos usa siempre sin vehemencia. No se cuida de si es tenido por estólido o ignorante. Y, en una palabra, se observa a sí mismo como al enemigo insidioso.

CAPÍTULO LXXIII

Si alguno se preciare de poder y saber interpretar los libros de Crisipo, di tú para contigo: Si Crisipo no hubiera escrito obscuramente, nada tendría este de que preciarse. ¿Pero yo qué procuro? Conocer la naturaleza de las cosas y seguirla. Pregunto, pues, quién es su intérprete; y oyendo que Crisipo, voy a buscarle, pero no entiendo sus escritos. Busco un intérprete; y hasta aquí todo va muy bien. Hallado el intérprete, resta solo aprovecharme de la doctrina, que es lo más importante. Porque si solo admiro la narración, vendré a ser gramático en vez de filósofo, sin otra diferencia que la de explicar a Crisipo en lugar de Homero. Aún me cubro más de rubor cuando me pide alguno que le exponga la doctrina de Crisipo, no pudiendo mostrar actos que se asemejen a las palabras.

CAPÍTULO LXXIV

Prescríbete estas cosas como leyes, y ten por impiedad el traspasarlas. No te conmueva lo que alguno diga de ti; pues esto no está ya en tu arbitrio.

CAPÍTULO LXXV

¿A qué tiempo remites el hacerte digno de lo mejor, y no traspasar la separación de las cosas? Escuchaste preceptos que debías admitir, y de hecho los admitiste. Pues ¿qué maestro esperas aun, para cuya venida difieres tu enmienda? Ya no eres muchacho, sino hombre perfecto. Si todavía descuidas y retardas: si vas añadiendo dilación a dilaciones, propósitos a propósitos, días a días; después que entres en ti mismo, ni aún conocerás que nada has aprovechado y serás hombre común en vida y en muerte. Dígnate ya de emprender una vida como de varón perfecto, y séate ley inviolable todo lo que encontrares que te pareciere bueno. Si aconteciere algo de trabajoso o suave, glorioso o ignominioso, acuérdate de que entonces entra la lucha: que instan los juegos olímpicos, y no pueden diferirse; y que ya perderse o salvarse el aprovechamiento pende solo de ser vencido o victorioso. Tal se hizo Sócrates guiándose a sí mismo en todo, y no escuchando a nadie sino a la razón. Tú, si no eres todavía Sócrates, debes vivir deseando serlo.

CAPÍTULO LXXVI

El primero y más necesario lugar filosófico es el del uso de los teoremas, no engañar ni engañarse. El segundo el de las demostraciones, a saber, por qué no nos hemos de engañar. Tercero, el que confirma estas demostraciones y las distingue. ¿Por qué razón es demostración esta? ¿Qué cosa es demostración? ¿Qué es consecuencia? ¿Qué pelea? ¿Qué verdad? ¿Qué mentira? Por esto el tercer lugar es necesario por el segundo, y el segundo por el primero. Este primero es el más importante, y en quién debemos descansar. Pero nosotros hacemos lo contrario: nos paramos en el tercero, ponemos en él todo nuestro cuidado, y abandonamos del todo el primero. Así, mentimos, y tenemos presente la demostración de que no se debe mentir.

CAPÍTULO LXXVII

En todo principio de obrar deseemos lo siguiente: *Guíame, Júpiter, y tú, también, Hado, a donde queráis: estaré dispuesto a seguirlo. Si mi voluntad repugna, seguiré.*

CAPÍTULO LXXVIII

Quien se conforma con lo que tiene es sabio para mí e instruido en las cosas divinas.

CAPÍTULO LXXIX

También: *O Critón, si así lo quieren los Dioses, así se haga. Anito y Melito pueden matarme, pero no dañarme.*

Made in United States
Troutdale, OR
10/09/2023

13538029R00051